# Sanados interiormente para escribir
## una nueva historia

# Sanados interiormente para escribir una nueva historia

## Dora Gladys Salazar

Pastora Misionera

| Número de Control de la Biblioteca del Congreso de EE. UU.: | | 2012912936 |
|---|---|---|
| ISBN: | Tapa Blanda | 978-1-4633-3447-5 |
| | Libro Electrónico | 978-1-4633-3446-8 |

**Para pedidos de copias adicionales de este libro, por favor contacte con:**
Palibrio
1663 Liberty Drive
Suite 200
Bloomington, IN 47403
Llamadas desde los EE.UU. 877.407.5847
Llamadas internacionales +1.812.671.9757
Fax: +1.812.355.1576
ventas@palibrio.com
380650

# Contenido

# *Agradecimientos*

Este libro es un sueño realizado gracias a mi amado Padre Celestial que primero puso el hacer y luego el cómo. Estoy agradecida con todas las personas del mundo que he podido ministrar y que, de alguna manera, me enseñaron alguna experiencia que hoy sirve para enseñanza de otros.

Gracias Padre por los pastores que me diste para formarme, he aprendido lo mejor de ellos. Apóstol Jose Satirio Dos Santos, ejemplo maravilloso para todos los que hemos tenido el privilegio de tenerlo como Padre espiritual y mentor, gracias. Al Apóstol Carlos Luis Vargas, quien me apoyó en el sueño de fundar iglesias en diferentes lugares de Estados Unidos y siempre fue un líder ejemplar, gracias. A todas las personas que me han brindado su apoyo, cariño y una cama donde recostar mi cabeza en todos estos años de peregrinaje en misiones, gracias.

A todos los pastores en diferentes países que me han recibido con tanto cariño y me han dado un púlpito para llevar este mensaje de Sanidad Interior, gracias, los llevo en mi corazón y siento gran amor por Ustedes, siervos del Dios Altísimo.

Por mis amigas y amigos que me han dado ánimo y se han alegrado con mis alegrías y me han acompañado en mis congojas; gracias, los amo.

Gracias a mis maravillosos hijos que me han honrado con ser las hermosas personas que son, los amo. Ustedes son el motor que me ha ayudado a seguir adelante conquistando mi destino en Dios para poder, así, dejarles un legado de bendición.

A mis nietos que son mi corona y una fuerza que me ayuda cuando los recuerdo y anhelo poder estar con ellos de nuevo y besarlos y abrazarlos, los amo.

A Ivonne Cintura quien hizo un trabajo tan lindo con todos los escritos que le envié, muchas gracias amada Ivonne.

A la pastora Lucy Sánchez de México quien tomó tiempo de su agitada agenda para diseñar la portada de este libro, gracias.

# Prólogo

La vida está compuesta de gratos momentos, pero también de momentos de dificultad, de experiencias traumáticas que dejan cicatrices en el alma. Para Dora Gladys Salazar fue necesario hacer uso de la palabra de Job 22:28 que dice: "Determinarás así mismo una cosa y te será firme y sobre tus caminos resplandecerá luz".

Fue grato ver cómo El Señor la fue llevando en ascenso. Vimos su entrega en el servicio en la casa de Dios: en evangelismo, en damas, su deseo por ser útil para toda buena obra tanto en lo espiritual, como también en su vida laboral, pues siempre se destacó por emprender negocios para mantener a sus hijos, enseñándoles principios morales y el temor a Dios.

Después, de acuerdo con el plan Divino, ella se trasladó a los Estados Unidos donde desarrolló un ministerio Pastoral vinculándose al ministerio Centro Bíblico del Pastor Luciano Padilla y, posteriormente, con el Pastor Luis Vargas sirviendo con amor en la extensión del reino de Dios.

Ahora plasma en su libro sus experiencias vividas, mostrando la sanidad del alma y guiando a cada persona hacia una vida de libertad, superando los traumas y dando lugar a lo nuevo de Dios.

La Pastora Dora Gladys da instrucciones muy precisas para poder disfrutar de una vida plena a través el evangelio, que es poder de Dios y nos libera integralmente. Nuestras emociones son sanadas a partir del momento en que permitimos que su espíritu haga una limpieza completa, sanando heridas, echando de su bálsamo para mitigar todo dolor; y lo mejor de todo, nos hace vivir en plenitud.

Si quieres escribir una nueva historia para tu vida, este libro será un buen comienzo para que redactes el *Best Seller* de quién eres tú en las manos de Dios.

*Rev. y Apóstol Jose Satirio Dos Santos**

---

\* Fundador de Centro Cristiano Internacional de Cúcuta, Colombia. Apóstol misionero llegando hasta el Himalaya. Fundador de iglesias en muchos lugares de Colombia y otras naciones, y Conferencista Internacional.

Conozco el trabajo del ministerio de la pastora Dora Gladys Salazar desde hace más de 20 años, cuando no entendía porqué ella me llamaba a seguir los caminos del Señor todos los días. En esos tiempos no sabía del conocimiento de la Palabra de Dios. Ahora puedo decir que gracias a la insistencia y tenacidad de mi madre, conozco el mensaje de Jesucristo y su misericordia para con todos nosotros. También he visto su trabajo desinteresado llevando el mensaje de salvación a muchas personas.

Recuerdo cuando empezó su trabajo en Morristown, New Yersey, para reunir células y ayudar a crear una iglesia que se fundó, la cual es una de las más grandes del área. Lo mismo cuando fue a trabajar a Lavonia, en Georgia, y luego en Carolina del Sur. Las personas pensarán "qué buena vida", pero sé de aquel tiempo que durmió en el suelo duro y con comidas frías, todo con un solo fin: llevar el mensaje de salvación.

Por eso sé que ahora que este libro se publica es una manera más de llevar su trabajo, con sacrificio, siempre en la voluntad de Dios.

Gracias madre, eres un ejemplo a seguir. Estoy muy orgulloso de tu trabajo y doy gracias a Dios por ser tu hijo.

Amén.

CARLOS PLAZA
Director Publinet Solutions – New York.

En el 2001 conocí a Dora Gladys Salazar. De inmediato supe que Dios la había ungido con una gracia especial para discernir y tratar con el hombre interior y las heridas emocionales de las personas.

Su don y gracia tan especiales, no son producto sólo de un conocimiento académico, psicológico o teológico mediante entrenamientos, sino provienen de la experiencia de su propia vida, del poder de El Espíritu Santo, de su comunión con Dios y de su férrea determinación a triunfar. Ella supo sobreponerse de una relación conyugal abusiva; como madre cabeza de hogar supo elevar su vida y la de sus hijos a su máximo potencial. Esta experiencia, acompañada de sus dones, la ha capacitado para ser el instrumento sanador para muchos en esta tierra. Confío en que sólo hemos visto el comienzo de todo lo que Dios hará por medio de ella de aquí en adelante.

Rev. y Apóstol Carlos Luis Vargas[**]

---

[**] Fundador de Centro Bíblico Internacional. Activista y Conferencista Internacional

Un hijo de Dios llega al pleno disfrute de su posición y al ejercicio de los beneficios de su progenitura solo cuando ha resuelto la totalidad de sus conflictos internos a nivel espiritual emocional y afectivo.

Una nueva historia de la misionera Dora Gladys Salazar declara con claridad meridiana que esto es posible. Su lectura es de vital importancia, especialmente en estos tiempos en donde vivir por la fe es una experiencia en vía de extinción.

Quedamos en deuda con la pastora Dora Gladys Salazar quien valientemente y sin temor a la crítica se atrevió a contarnos para nuestro crecimiento, las dificultades y sacrificios de su vida, como también sus victorias que por la gracia y misericordia de nuestro soberano Dios ha recibido.

Gracia y gloria al Señor Jesucristo y al Santo Espíritu de Dios, dadores de toda bondad y sabiduría.

Henry Mogollon R
Fundador de los Ángeles internacional Cristian University
California USA

# Introducción

Cuando estamos sanos interiormente podemos enfrentar la vida de manera distinta. Entonces, cuando llegan las crisis comenzamos a verlas como oportunidades para crecer y aprender a tomar decisiones que nos llevarán a niveles superiores, y a ser mejores personas.

Así como el crecimiento del cuerpo humano trae dolor en los huesos, y no lo podemos evitar, de igual manera ocurre con la vida espiritual: el dolor es parte del proceso.

Gracias a las experiencias adquiridas a lo largo de mi vida en Sanidad Interior, he aprendido a aprovechar cada momento de dolor que he atravesado para pedirle al Señor Jesús que me revele contra quién estoy peleado en ese momento. La palabra de Dios dice que mi lucha no es contra carne ni sangre. Es entonces cuando quiero saber contra qué o quién es mi pelea, pues sólo así puedo elaborar mis estrategias y apuntar al blanco usando las armas que nos fueron dadas para avanzar con seguridad hacia la Victoria, porque el Señor lo ha prometido.

El Señor dice que nos ayuda en toda tribulación y que no estamos solos, pero cuando llegan los conflictos y las tribulaciones nos sentimos abandonados, y le damos lugar al enemigo para que recupere las posiciones que ya había perdido. Es ahí cuando tenemos las batallas, es cuando más debemos creer con todo nuestro corazón lo que Él, por medio de su palabra, nos enseña.

Esto me enseñó que no importa cuántos se levanten contra mí, porque Él que me llamó y nunca me ha dejado sola; "Determínate a creer y obedecer". Vivo tranquila, ahora no tengo nada que temer. El Poderoso Gigante pelea por mí y, así mismo, va adelante de ti peleando todas tus batallas; ya no tienes que temer, Sus promesas están sobre tu vida para que vivas tranquilo. Está a tu lado para ayudarte a seguir adelante.

Dios sanó mi vida y me dio la convicción de que todo lo que quiere para mí es lo mejor. Él me ha enseñado por medio de su palabra, de su amor y de su infinita misericordia que puedo escribir una nueva historia de mi vida. El Señor moldeó mi vida y ahora todo lo que anhelo en esta tierra es lo que Él quiere para mí. Acepté a Jesús no sólo espiritualmente, lo hice también emocionalmente.

Cuando inicié mi vida cristiana una buena mujer me dijo: "Entrégale al Señor todas tus áreas afectivas", y lo hice. Fue así como Jesús ganó mi corazón y lo llenó con un nuevo amor. Un amor que me ha dado la seguridad de ser amada, ha sido la fuerza que me ha sostenido todos estos años en los que he cruzado muchos valles; he escalado cimas y también he enfrentado desiertos áridos donde es difícil sobrevivir, pero ha sido Su amor el que me ha mantenido firme.

Muchos como Adán y Eva, dejamos que el enemigo nos haga creer que el Señor nos está ocultando cosas y que nos niega lo que más queremos simplemente para despertar en nosotros el impulso a lo prohibido, así que, en lugar de oír la voz del enemigo, tenemos que buscar diariamente oír la voz del Señor.

La palabra, es uno de los medios que Dios usa para guiarnos. Encontramos en las escrituras una palabra maravillosa en Efesios 1:17-23:

> "Para que el Dios de nuestro Señor Jesucristo, el Padre de gloria, os dé espíritu de sabiduría y de revelación en el conocimiento de él, alumbrando los ojos de vuestro entendimiento, para que sepáis cuál es la esperanza a que él os ha llamado, y cuáles las riquezas de la gloria de su herencia en los santos, y cuál la supereminente grandeza de su poder para con nosotros los que creemos, según la operación del poder de su fuerza, la cual operó en Cristo, resucitándole de los muertos y sentándole a su diestra en los lugares celestiales, sobre todo principado y autoridad y poder y señorío, y sobre todo nombre que se nombra, no sólo en este siglo, sino también en el venidero; y sometió todas las cosas bajo sus pies, y lo dio por cabeza sobre todas las cosas a la iglesia, la cual es su cuerpo, la plenitud de Aquel que todo lo llena en todo."

Imaginarse que la plenitud de vida se pueda encontrar fuera de nuestro Salvador es imposible. Él llenó mi vida en todas las áreas; desde el principio de mi vida cristiana fue así. He luchado para no perder esa plenitud; cuando vinieron los tiempos difíciles, cuando tuve que pasar por la escuela de formación, siempre pensé: "esto tiene que cambiar...esto va a pasar". Así como cuando tuve a mis hijos, los 4 nacieron por parto normal y doloroso, cuando llegaban las contracciones yo me alentaba pensando: "esto va a pasar y voy a tener mi hijo pronto entre mis brazos". Siempre tuve la esperanza de un mañana mejor. ¿Cómo no hacerlo ahora? Tengo todas las promesas de mi Salvador y mi Rey...TE AMO MI SEÑOR.

Tengo una gran pasión en mi vida: animarte a que llegues a conocer y amar a tu Salvador. Una buena forma es a través del estudio de su palabra. Mi mensaje dentro de esa pasión es decirles que pueden tener LIBERTAD COMPLETA Y GLORIOSA, pueden disfrutar la clase de vida que sólo el Salvador puede dar. Quiero que todos los que pueda alcanzar con mi mensaje de Libertad, alcancen su libertad y sanidad en todas las áreas.

El poder de la palabra de Dios puede llegar a lo más profundo del corazón del hombre. Puede quebrantar toda aflicción, quitar toda adicción, arrancar todas las piedras quemadas y llevarse todas las cenizas del pasado. Si estás dispuesto a que la verdad hable a tus emociones y permitir que tus sentimientos se ajusten y se alineen con la palabra de Dios, tendrás la victoria por encima de todos tus fracasos del pasado.

Así como los terremotos dejan al descubierto las grietas geológicas, las presiones sobre nosotros nos traen verdaderos movimientos y reacciones que ponen al descubierto las grietas de nuestro carácter, que no siempre estamos dispuestos a admitir. La verdadera medida del crecimiento y la madurez en nuestras vidas, tiene que ver con nuestro proceso de llegar a ser como nuestro amado Salvador Jesucristo.

Te invito a que leas esta historia, te alentará a seguir adelante. Te reto a que escribas tu nueva historia, ahora escrita con el dedo de Dios. Así como pasó con las tablas que Él le dio a Moisés: las primeras las rompió por la desobediencia del pueblo; sin embargo –en Dios siempre tendremos una segunda oportunidad– las segundas tablas fueron escritas directamente de su mano. De la misma manera debemos acogernos a esa segunda oportunidad y dejarlo a Él poner esos nuevos renglones de nuestra historia escritos por su dedo.

Te aseguro que comenzarás a vivir los días más hermosos que jamás hayas imaginado vivir.

Nota: Las citas bíblicas aquí citadas son tomadas de la versión Reina Valera 1960, a menos que se indique lo contrario.

# Capítulo 1

## EL SEÑOR TENÍA UNA NUEVA HISTORIA PARA MÍ

Nací en Colombia en la zona cafetera, pero nunca viví allí. Cuando era muy pequeña, mis padres se mudaron al valle del Cauca, allí mi papá tenía tierras y un aserradero de madera que transportaba a diferentes lugares del país; era un exitoso negociante.

Para ese tiempo empezó la guerra política entre conservadores y liberales; eso nos afectó mucho, pues los contrarios trataron de matar a mi familia. Aunque tenía una corta edad, recuerdo cuando llegaron los atacantes y abalearon toda nuestra casa, desde las 10 de la noche hasta las 6 de la mañana.

Los vimos correr. Mi mamá estaba herida por 3 impactos de bala y mi papá recibió uno en su mano. Mis padres fueron llevados de inmediato al hospital de una ciudad cercana donde se recuperaron satisfactoriamente, pero un joven que visitaba nuestra casa y esa noche estaba durmiendo en el cuarto de al lado, fue impactado y murió. Posiblemente él quiso huir y fue en ese momento que lo alcanzaron las balas.

Yo estaba muy pequeña, pero recuerdo perfectamente que mi mamá nos empezó a bendecir creyendo que ella moriría, pero no fue así. Dios guardó su propósito y nuestras vidas. Mientras ella oraba los hombres blasfemaban.

Ese ya era el segundo atentado. En otra oportunidad, en una finca de la que no tengo presente el nombre, nos quemaron la casa. En mi memoria está el recuerdo de las lágrimas que derramé por un baulito que tenía con mi linda ropa. El llanto conmovió tanto a mi papá que entró a la casa en llamas y lo sacó.

Después de este segundo atentado, papá nos llevó a la ciudad de Cali donde nos establecimos por muchos años. Por obvias razones no podíamos regresar al campo. Fue un cambio muy drástico, éramos en ese momento lo que hoy se denomina como "desplazados de la violencia". Las ciudades de mi país están llenas de ellos y por experiencia propia puedo decirte que es muy doloroso tener que abandonar el entorno de esa manera tan violenta. Esto siempre trae consecuencias muy negativas a la vida de cualquier persona.

Papá tuvo que volver a empezar con una familia de 12 personas: papá, mamá y diez hijos. Abrirse paso en un medio que él no conocía lo llevó a tener enojo constante; yo le llamo furia. De esa manera manejaba todas las cosas y, asimismo, nuestra crianza; ese enojo fue transmitido a todos sus hijos. Por esta causa, mis hermanos se fueron de casa a una edad muy temprana y yo me casé a los 16 años, pensando que estaría mejor fuera de la violencia de mi hogar. Estuve 8 años casada con un hombre que tenía adicción al sexo y perdió todo interés en nosotros, su familia. Como todo adicto, no le alcanzaba el dinero sino para su vicio. Sin embargo, con él tuve 3 hijos. Tiempo después me empezó a maltratar, así que tomé la decisión de irme con mis hijos a una ciudad muy lejana en la frontera con Venezuela y allí inicié una nueva relación de la cual nació mi cuarto hijo.

Mis emociones estaban totalmente maltratadas, tenía muchas heridas y esto hacia que no pudiera tener una relación estable. Las heridas y el dolor que éstas producían eran tan fuertes y grandes, como perforaciones por donde salía todo lo mejor y lo peor de mí; aunque trataba, no lo podía remediar. Era como un gato patas arriba, aruñando todo lo que se me ponía por delante: siempre tenía enojo; era mi inseparable compañero de viaje.

Cuando sólo tenía dos de mis hijos, estudié diseño de modas con una especialización en alta costura, entendí que tenía que trabajar para darles una buena educación. Fue un esfuerzo muy grande y lo hice con la ayuda de mi madre; lo logramos las dos. Siempre estuve agradecida con ella; sin su ayuda no sé si lo hubiera logrado...Gracias Madre mía, te amaré siempre.

Después llegué a Cúcuta, una pequeña ciudad en el norte de Colombia. En el año 1975 me establecí allí, no sin antes dar unas vuelticas y darme cuenta que si no me ponía trabajar me esperaba una mala vida y no era eso lo que quería para mis hijos. Para ellos siempre tuve una casa y nunca permití que los humillaran, ni los maltrataran. Quise que estudiaran tranquilos hasta que fueran profesionales; no los dejé trabajar para que no le tomaran amor al dinero, por eso trabajé y luché incansablemente con mis manos, para darles una buena educación, una buena casa y lo que necesitaran.

Al asumir los dos papeles, el de padre y madre al mismo tiempo, se generan muchos vacíos y heridas en nuestros hijos que, con el paso del tiempo, sólo Dios puede llenar y sanar.

En el año 1981, viajé a la ciudad de New York; al final de 1983 viajaron mis hijos y juntos vivimos en USA hasta que en 1987 entró en mí el deseo de regresar a casa. Tiempo después, me enteré de que mi madre se hizo cristiana y oraba por mí. Durante los años que viví en USA, nadie me habló de la salvación en

Cristo, ni del Nuevo Nacimiento. Por lo tanto, hasta esa fecha desconocía por completo que podía tener una nueva vida según el propósito de Dios.

Mi vida estaba sin rumbo, sentía una carga muy grande como la podía sentir cualquier madre divorciada y con 4 hijos. No era nada fácil sobrevivir, además de tener mis emociones rotas y mis sentimientos distorsionados, vivía un caos interno que quería ocultar con licor y otras distracciones, que lo único que me traían era más caos del que ya vivía. Sólo yo sabía lo que estaba viviendo en ese momento y era un infierno sin salida para todos los problemas que enfrentaba. En mi apariencia se reflejaba la frustración sólo cuando estaba ebria.

Siempre lucía muy bien, joven, bella y talentosa; tenía mi taller de diseño de modas en un exclusivo lugar de Miami, Florida, donde me había mudado en 1985. Aparentemente era una mujer muy feliz, pero la realidad era otra. Regresé a mi país pensando encontrar la felicidad y el calor de la familia que había buscado durante tantos años, pero cuando llegué no fue así. Encontré un mundo de fiestas y malas amistades que poco a poco me llevaron por el camino de la perdición, alejándome del verdadero camino y del amor de Jesús. Quería un cambio en mi entorno, pero no estaba dispuesta a hacer cambios en mi vida.

Un día como cualquier otro, tuve un accidente automovilístico. Este acontecimiento marcó mi vida y entendí que el Señor me salvó de morir, pues había aceptado a Jesús con mis labios, pero no con mi corazón. En ese momento, fui testigo de la infinita misericordia que el Señor tuvo para conmigo. Él me salvó la vida.

Otro día, después de una noche de *farra,* al llegar a mi casa, caminé de la puerta a la alcoba sentí algo horrible: era hastío por lo malo; algo muy dentro de mí me convenció de pecado. Me di un baño, me arrodillé y pedí perdón (después supe fue el Espíritu Santo quien me convenció de pecado y de juicio). Allí le pedí al Señor que me apartara del mal, no quería pecar más con mi cuerpo y quería ser completamente libre de todo lo que hasta ese momento había vivido y había mantenido mi vida atada. Después de este suceso mi vida cambio, empecé a tomar mejores decisiones y a tener nuevas amistades que me ayudarían a seguir el Nuevo Camino.

Muchos me dejaron de hablar, me quedé sin amigos, y en mi familia decían que estaba loca. El enemigo de mi alma se encargó de mandarme mensajes para que volviera a atrás, pero mi Señor Jesús ya había entrado a mi corazón y había llenado mi vida de una manera maravillosa. Es algo que nunca podre expresar, pues sólo aquel que vive esa experiencia la puede entender. Fue así como empecé a interesarme por conocer más a mi Nuevo amor, "JESÚS".

Como es de entenderse, al enemigo no le gustó lo que estaba sucediendo en mi vida, ni lo que estaba a punto de suceder. Entonces se levantó con furia y me quitó casi todo lo que tenía; hasta mis propios hijos me dejaron y se revelaron porque no querían mi nuevo estilo de vida. Transcurrieron los primeros tres años después de mi decisión, pero llegó un momento en el que no tuve para suplir ni lo más básico. No tuve champú para el pelo, mis zapatos se rompieron, todo escaseaba, mis recursos se agotaron. Fue una época difícil, ese fue mi primer desierto. No había nada, sólo escorpiones y dardos, pero allí el Señor me hizo fuerte y me enseñó a depender plenamente de Él. Ese doloroso proceso me quebró la cerviz del orgullo.

Tuve que comenzar de nuevo, incluso la relación con mis hijos. Inicié por perdonar y aprendí a amar a pesar de todo. Aprendí a pedir perdón por mis errores, rendirme al trato de Dios hasta llegar al punto de decirle que continuara su trabajo con mi vida, pues anhelaba ver su obra completa en mí.

Me comprometí a obedecer y a sujetarme a Su perfecta voluntad, aunque la mayoría de las veces no me ha gustado, pero el resultado ha sido una vida restaurada, una vida abundante y ahora, 25 años después, puedo decir que es una vida con propósito.

Cuando estamos sanos, podemos enfrentar nuestro diario vivir de una manera diferente. Puede llegar la crisis, pero la comenzamos a ver como la oportunidad perfecta para crecer y aprender a tomar mejores decisiones que, finalmente, nos llevarán a dimensiones superiores. Este proceso hará de nosotros mejores personas, siendo el objetivo principal vivir de una manera más completa el señorío de Jesucristo en nuestra vida.

Es por esta razón, que la Sanidad Interior es tan importante en la vida de cada creyente, es la obra de la regeneración por medio del Espíritu Santo que sana, limpia y libera de toda atadura espiritual, con la finalidad de que el creyente sano, viva y disfrute el total Señorío de Cristo en su vida.

En Tito 3:5-6, dice la palabra del Señor:

> "Nos salvó, no por obras de justicia que nosotros hubiéramos hecho sino por su misericordia, por el lavamiento de la regeneración y por la renovación en el Espíritu Santo, el cual derramó en nosotros abundantemente por Jesucristo nuestro salvador".

El Señor restauró también mi economía, enviándome una idea que me prosperó. Fue entonces cuando todo cambió: mis hijos regresaron y me pidieron ayuda, ese fue un tremendo testimonio para mi familia. La bendición de Dios en mis finanzas, hizo que mis hijos quisieran regresar a USA. Una ve se establecieron allí, las puertas para exportar se abrieron delante de mí. Gracias a esa bendición llegaron poco a poco a los pies de Cristo.

En el año 1996 el Señor me mostró que debía regresar a USA, así que me preparé para volver: sin importar lo que tenía, dejé todo y volví a New York. No regresé en busca de un empleo, lo hice esperando encontrar el propósito de Dios en mi vida. Al llegar nos unimos a una iglesia pequeña con la ilusión de ayudar al crecimiento, pero luego nos enteramos de que ellos estaban cómodos así y que no tenían intención de crecer. Me convertí en la piedra en el zapato de la pequeña congregación; oramos y fue cuando vino mi pastor José Satirio Dos Santos a New York y nos presentó como hijos de su casa al pastor Luciano Padilla. Fue allí donde empezamos nuestro ministerio con "CENTRO BÍBLICO", donde permanecimos durante 12 años. Los primeros 5, trabajé, junto con mis hijos, al lado del pastor Javier Vélez, un gran hombre de Dios.

Cuando llegamos a hacer parte de ese ministerio estaba conformado por 5 familias. Con el tiempo la iglesia creció en gran manera, en parte por los grupos celulares que yo lideraba. Fue tal el crecimiento que tuvimos que salir del local de la iglesia los domingos y tomar rentado un auditorio grande en un hotel. La asistencia aumento tanto, que no cabían las personas los domingos. Mi hija Giovanna fue pastora de jóvenes y formó un liderazgo precioso con la juventud. Esos líderes están aún al frente del ministerio.

Mi hijo Víctor, era el ingeniero de sonido y todos los domingos tenía que cargar una camioneta con los equipos para hacer el servicio en el hotel. Fueron tiempos maravillosos, presenciando la Gloria de Dios, viendo almas rendidas recibiendo la salvación y familias completas llegar a los pies de Jesús.

Salí de New York cuando cayeron las torres y no fue por miedo, fue por el llamado a las misiones que me hizo el Señor. Por varios años había labrado ese campo en Morristown, NJ. Viajaba aproximadamente durante dos horas, dependiendo del tráfico, allí evangelizaba y visitaba a mis familiares (tengo muchos primos allí). El trabajo en ese lugar comenzó cuando me di cuenta de que la gente estaba sin dirección, entonces sentí la necesidad de que se levantara una iglesia que impactara a esa comunidad. Comencé declarando con fe: "aquí se levantará una iglesia que impactará a esta comunidad", y así sucedió. Me mudé allí en el 2002, al poco tiempo tomé en alquiler un local frente a la Corte y allí nació la iglesia de Morristown, NJ.

Con la ayuda de José Iglesias y mi hija Giovanna, empezamos los servicios el 25 de noviembre del 2002 con el nombre CENTRO BIBLICO DE NEW JERSEY, bajo la cobertura del pastor Carlos Luis Vargas de FREEPORT BIBLE CENTER, New York.

Tiempo después, mi hija Giovanna y José Iglesias se casaron, fue una boda inolvidable. Tuvieron 3 iglesias: la de Queens, la de Long Island y la recién inaugurada. Fueron tiempos de mucho esfuerzo pero finalmente valió la pena, pues la iglesia ha permanecido y ahora está establecida en un lugar propio, está creciendo e impactando esa hermosa comunidad... ¡Gloria a Dios!

Podemos contar estas historias gracias a la fidelidad de Dios, pues Él es quien pone el querer como el hacer. Ver ese sueño hecho realidad es una prueba más de que SIEMPRE cumple sus promesas.

Tiempo después, José Iglesias y su esposa (mi hija) fueron enviados a Georgia, a una obra que necesitaba unos pastores jóvenes. Ellos gustosamente aceptaron el llamado, dejaron sus trabajos, sus familias y partieron sin saber lo que les esperaba.

Durante 5 años trabajaron en un pueblo que sólo tenía un semáforo, pasaron por muchas experiencias buenas, regulares y malas, pero en ningún momento volvieron atrás porque estaban convencidos del llamado que Dios les había hecho en ese lugar. Nacieron sus hijos y a pesar de no recibir un sueldo, porque la misión era pequeña, nunca les faltó lo necesario. En una oportunidad no tenían dinero para comprar pañales, llegó un plomero que estaba haciendo unos arreglos y les llevó una caja gigante de éstos. Él no sabía la necesidad por la que ellos estaban atravesando, pero el Señor sí. Dios "siempre" puso a alguien para suplir necesidades, pues Él nunca llega tarde.

Tiempo después llegué a la casa de mi hija y de su familia. En la sala se fundó LAVONIA BIBLE CENTER, allí estuve alrededor de un año y medio ayudándoles.

Después FREEPORT BIBLE CENTER, con la ofrenda de los hermanos, se compró un local a un buen precio, pero estaba en malas condiciones. Empezaron a hacer los arreglos pero se dieron cuenta de que era mejor tumbar todo y comenzar a construirlo de nuevo; así que comenzaron de cero. Se construyó una preciosa iglesia para la Gloria de Dios; con el tiempo se convirtió en un lugar de ayuda para muchos emigrantes sin documentos legales, que cuando tenían problemas llegaban y, de una manera u otra, eran ministrados. Muchos conocieron del amor de Jesús allí en ese remoto lugar.

Luego, fui enviada a Carolina del Sur para supervisar una célula que se estaba estableciendo. Por alguna razón me enfermé y tuve que permanecer allí un poco más del tiempo que tenía planeado. Una tarde, una hermana me llevó a dar un recorrido por la ciudad. A medida que avanzábamos, comencé a sentir una carga tremenda por la necesidad espiritual que allí había. Es una ciudad donde hay muchos hispanos que viven bajo malas condiciones, en casas móviles, viejas, rotas y eso rompió mi corazón. Cuando regresé a Lavonia, GA, estaba el director de FREEPORT BIBLE CENTER, el pastor Vargas, a quien le comuniqué mi sentir; él estuvo de acuerdo con las personas de Carolina del Sur y empezaron todos los arreglos para enviarme a allí.

En el mes de noviembre del 2004 llegué a la ciudad de Charleston en Carolina del Sur. Fui enviada de New York, por la iglesia

FREEPORT BIBLE CENTER, para consolidar el trabajo que se empezó en casa de una familia de Honduras. Estuve por 5 años y fue un tiempo de mucho trabajo; tenía que conseguir dinero para sostenerme porque la iglesia era pequeña y todavía no podía pagar un sueldo.

Estando en ese lugar emprendí una estrategia que me servía de sustento y además podía evangelizar a las personas hispanas, en su mayoría mexicanos del campo que pasan indocumentados por el río Grande. Un gran número de ellos trabaja en construcción; cuando llegaban a cumplir con sus labores, yo les llevaba comida, jugos, agua. Todo el tiempo hubo trabajo allí y, aunque en una oportunidad me enfermé, seguí porque estaba feliz de ver cómo Dios me estaba usando.

Todo eso fue nuevo para mí. Soy Diseñadora de Modas y, aunque algunos me criticaron, muchos me admiraban y respetaban por lo que estaba haciendo. Fue una de las épocas más felices de mi vida. No sé cómo pasaron esos 5 años, pero si sé que se sembró mucha semilla buena y se dejó un camino para que otros puedan caminar por él. Quedó la iglesia establecida, con hermanos fieles y nobles que están ayudando a los nuevos pastores, Héctor y Luisa Chocobar, que llegaron de Argentina y tomaron la iglesia con mucho amor, creyendo que Dios los llamó y los estableció allí.

También agradezco mucho al pastor Samuel Rivers, que nos cubrió y nos dio su ayuda para que la iglesia continuara funcionando en sus instalaciones de La voz del Señor. Gracias también a todas las personas que conocí allí; a todos los que me dieron ánimo y respeto, los llevaré siempre en mi corazón.

En medio de tanto trabajo, recibí una invitación para un evento en Argentina. Lo primero que yo pensé fue: "¿Qué le voy a decir a los argentinos?". Esta pregunta me surgía al considerar que allá están los mejores predicadores. Decidí no ponerle mucha mente al asunto, oré y dije: "Señor si quieres que vaya...está bien", y seguí con lo que estaba haciendo. Al poco tiempo llegó un pastor de España y me dijo: "¿Ya estás lista?, nos vamos para Argentina". Me preparé, estudié, alisté todo el material de predicación y estando en Houston, esperando el vuelo para Buenos Aires, me di cuenta de que había dejado todo el material en la casa. Sentí temor, pero en ese mismo momento el Señor me inundó de su paz y pude descansar en Él. Viajé tranquila y al llegar, esa misma noche, comencé a escribir; todo trataba sobre Sanidad Interior. A partir de ese momento ésta ha sido como una fuente que no ha parado hasta el día de hoy, y creo que será así hasta que el Señor me llame a su presencia. ¡BENDITO POR SIEMPRE MI SEÑOR!

El 23 de diciembre del 2009, salí de Charleston, Carolina del Sur rumbo a Georgia para empezar un nuevo capítulo en mi vida. Desde principios del 2009 tuve el sentir de salir a mi nuevo llamado, así que oré y esperé que el Señor me confirmara la salida; la verdad, me sentía cómoda y bien en este lugar, por ese motivo cuando llegó el momento de salir no fue fácil tomar la decisión.

En enero del 2010, viajé a México y, nuevamente, el Señor afirmó mi llamado al ministerio de Sanidad Interior. Llevé el mensaje a pueblos donde hay necesidad y mucho dolor, donde no llegan predicadores famosos y donde los mismos pastores que están haciendo la obra, necesitan una palabra de fe y de poder para sanar sus corazones, para luego ayudar a otros a ser sanados por la palabra de fe y de poder en Dios.

Después de esta maravillosa experiencia, salí para New York donde viven mis hijos Carlos Alberto y Jann Paul; por 4 meses estudié y me preparé para salir al nuevo llamado. En junio del mismo año regresé a Colombia, mi patria querida. No sólo tuve la oportunidad de encontrarme con mi amado pastor José Satirio Dos Santos, sino también pude presenciar el trabajo y el crecimiento tan monumental de la iglesia donde el Señor me salvó, esto fue realmente maravilloso. En esta visita el Señor me sorprendió pues fui invitada a predicar en esa impactante iglesia. Nunca pensé que eso podía pasar; siempre quise que el pastor me enviara a los pueblos y a las iglesias de los barrios, pero no imaginé estar al frente de tan hermosa congregación. Esa vez, no sólo tuve la oportunidad de predicar, también dicté un taller de 4 semanas sobre "Sanidad en las emociones y cómo mejorar el carácter"; fue un tiempo de gran bendición.

En el 2011 regresé a dictar otro taller de limpieza para tener paz y sanidad interior; si Dios lo permite espero regresar los próximos años con la palabra que Dios ponga en mi boca. Verdaderamente el Señor nos sorprende porque en Él siempre hay más. Después, vinieron muchos viajes a diferentes países llevando este mensaje de Sanidad Interior que está ayudando a muchas personas a encontrar una salida a los problemas emocionales y a las heridas del pasado.

Por las heridas y la falta de formación en áreas del carácter, es que nos causamos tantos daños emocionales y lastimamos a los que están a nuestro alrededor. Es por eso que el Señor quiere sanarte por medio de su gracia y su poder. Él quiere formar el carácter de Cristo en ti sanando las heridas de tu corazón para empezar una nueva historia; de la misma manera como lo hizo con mi vida y con mi familia.

Un regalo de honra de parte del Señor a mi vida fue el matrimonio de mi hijo Víctor, no sólo formó un hogar, sino que el Señor lo llamó al servicio, se preparó y junto con su esposa fueron pastores de CENTRO BÍBLICO de Queens por casi 2 años.

Éste fue el principio de mi nueva historia y muchas maravillas que mi Salvador ha hecho con mi vida y con mi familia.

Una vez más...Gracias mi Señor.

# Capítulo 2

## VICTORIA CONFORME A SU PALABRA

Si Dios te ha dado una palabra en tu corazón... ¿Por qué vives como si no la tuvieras? Cuando recibes una palabra de parte de Dios para tu vida, es necesario creerla, activarla y tomar la determinación que necesitas para avanzar hacia tu Victoria, en el nombre de Jesús, derribando toda fortaleza que se levante en tu contra con el poder de la fe.

### COSAS DE LA FE

TESTIMONIO: Hebreos 11:4, "Por la fe Abel ofreció a Dios más excelente sacrificio que Caín, por lo cual alcanzó **testimonio** de que era justo, dando Dios testimonio de sus ofrendas; y muerto, aún habla por ella".

OBEDIENCIA: Hebreos 11:8, "Por la fe Abraham, siendo llamado, **obedeció** para salir al lugar que había de recibir como herencia; y salió sin saber a dónde iba".

PREPARACION: Hebreos 11:7, "Por la fe Noé, cuando fue advertido por Dios acerca de cosas que aún no se veían, con temor **preparó** el arca en que su casa se salvase; y por esa fe condenó al mundo, y fue hecho heredero de la justicia que viene por la fe".

CREER: Hebreos 11:11, "Por la fe también la misma Sara, siendo estéril, recibió fuerza para concebir; y dio a luz aun fuera del tiempo de la edad, porque **creyó** que era fiel quien lo había prometido".

CONFESAR: Hebreos 11:13, "Conforme a la fe murieron todos éstos sin haber recibido lo prometido, sino mirándolo de lejos, y creyéndolo, y saludándolo, y **confesando** que eran extranjeros y peregrinos sobre la tierra".

TENER ESPERANZA: Hebreos 11:14, "Porque los que esto dicen, claramente **dan a entender que buscan** una patria".

OLVIDAR EL PASADO: Hebreos 11:15, "pues si hubiesen estado **pensando en aquella de donde salieron**, ciertamente tenían tiempo de volver".

FE PROBADA: Hebreos 11:17, "Por la fe Abraham, cuando fue **probado**, ofreció a Isaac; y el que había recibido las promesas ofrecía su unigénito".

La fe de los que murieron esperando la promesa de que el Mesías llegaría, nos tiene que influir. Sabemos ciertamente que ya estuvo con nosotros, que cumplió su misión a pesar de la oposición, el rechazo y, finalmente, Él nos dio la victoria conforme a su palabra.

El pueblo de Israel creyó: todos fueron testigos de sus maravillas y proezas, de cómo los sacó de la esclavitud de Egipto, que representa el mundo; peleó sus batallas contra gigantes y pueblos numerosos armados y, finamente, les dio la tierra prometida donde fluye leche y miel. Abraham tenía una palabra dada por Dios a su corazón, él la creyó y caminó aferrado a lo que se le había dicho. Exactamente igual ocurre en este tiempo, pero es necesario conocer las promesas del Señor para poder caminar por ellas y conquistar la tierra que el Señor nos mandó a poseer.

En 1996 llegué a New York. Estando allí el Señor me dijo que durante mucho tiempo no regresaría a mi país, así que no lo pensé y dediqué mi vida a prepararme para un nuevo llamado de parte de Dios. Todo sueño y palabra profética que Dios me ha dado, se ha cumplido. Todo ha estado dentro de su propósito perfecto.

Es muy importante tener en cuenta que LA ESPERANZA es una fuerza positiva que te brinda la posibilidad de un cambio; te impulsa a decir: "Puedo hacerlo, voy a lograrlo". ARROJO, es la capacidad de exponerte y VALENTÍA, es la capacidad de actuar. Cuando hablamos del cumplimiento de una promesa de Dios, no importa tu pasado, tu edad, tu educación o nivel social; puedes recibir el ARROJO y la VALENTÍA para hacer lo que necesitas hacer, y la fuente de donde lo recibes es el Espíritu Santo de Dios.

Estoy creyendo que Dios hará grandes cosas en tu vida a través de este testimonio para el ensanchamiento de su Reino y de su Gloria. Recibe la palabra de ánimo con corazón abierto y deja que Dios vierta su amor en lo más profundo de tu ser. Siente la seguridad de que con la fuerza y la voluntad de Dios podrás conquistar tu destino y tener la Victoria, conforme a su palabra. Si estás seguro de que vas en la dirección correcta tendrás no sólo la protección, sino también la provisión de Dios para cumplir el propósito y la encomienda que Él te ha dado.

En Nehemías 2:17, vemos que Nehemías se apasionó por reconstruir los muros y las puertas de Jerusalén. Pero cuando los impíos se dieron cuenta de que estaba decidido y que puso manos a la obra, vino la oposición, la crítica y el menosprecio por todo lo que estaba haciendo (Nehemías 4:1-4). "¿Qué hacen estos débiles judíos?" (V- 2) El enemigo conoce tus áreas débiles, quiere resaltarlas y más cuando estás apunto de tomar decisiones determinantes en tu vida. Lo que dice la palabra con respecto a esto, es que Dios es la fortaleza en tu debilidad. 2 Corintios 12:9, dice:

> "Y me ha dicho: Bástate mi gracia; porque mi poder se perfecciona en la debilidad. Por tanto, de buena gana me gloriaré más bien en mis debilidades, para que repose sobre mí el poder de Cristo".

El enemigo sabe que perdió su poder de influenciar tu vida, aun así quiere volver a tomar el control y es en ese momento cuando tienes que ponerte en pie de batalla y aplicar la palabra de Dios.

### De la manera como observes el futuro, te podrás reír del presente.

Proverbios 31:25 dice:

> "Fuerza y honor son su vestidura; Y se **ríe** de lo por venir".

Génesis 18:12-14:

> "Se rio, pues, Sara entre sí, diciendo: ¿Después que he envejecido tendré deleite, siendo también mi señor ya viejo? Entonces Jehová dijo a Abraham: ¿Por qué se ha reído Sara diciendo: ¿Será cierto que he de dar a luz siendo ya vieja? ¿Hay para Dios alguna cosa difícil? Al tiempo señalado volveré a ti, y según el tiempo de la vida, Sara tendrá un hijo".

La risa de la mujer de la que habla Proverbios, es una risa cargada de fe, esperanza y sueños; es una risa que agrada a Dios. Por el contrario, la risa de Sara está cargada de sarcasmo porque no creía en la palabra que Dios les había dado. Dos mujeres: pero la risa de cada una es totalmente diferente.

**¿Qué hay en tu pasado?** Posiblemente en tu pasado haya lo mismo que en el mío: pecado, dolor, culpa, pérdidas, vergüenza. No se puede reír del mañana aquel que no se puede reír del presente. También se dice que no se puede reír del presente aquel que no se puede reír del pasado. Es necesario olvidar tu pasado y aunque el enemigo quiera traerlo a tu memoria tienes que rechazarlo y pensar que eso ya no hace parte de tu vida, pues todo quedo atrás. Cuando esos pensamientos asechen tu mente recuerda tomar la palabra de Dios y todas sus promesas, porque esas sí son para ti.

Sara era una mujer que vivía con dolor y amargura; ella no había salido de su pasado, era estéril y por eso no creía en las promesas de Dios. Así ocurre con algunas personas: en lugar de sueños, tienen pesadillas. El futuro se les convierte en una carga muy pesada de sueños rotos, proyectos fracasados, y eso es precisamente lo que el enemigo quiere: llenar tu corazón de desesperanza y tus pensamientos de imposibilidades para estancarte y así limitarte para que nunca puedas mirar un mañana en Victoria, como Dios lo planeo desde el principio para ti. Cuando el enemigo ha sembrado una semilla de duda en tu corazón, no podrás sentir seguridad en las palabras que Dios ha dado para tu vida, tus hijos y tu casa. Dios, es Dios de pactos, bendice las familias de aquellos que le aman hasta mil generaciones venideras. Él es así, siempre cumple lo que promete.

Debemos aprender versículos bíblicos que nos den fuerza y nos enseñen a hablar a la manera de Dios. Cuando encuentro a una persona que habla el lenguaje de Dios, me da mucho gozo y quiero aprender más de lo que dice, pues seguro tiene muchas cosas reveladas de parte de Él, las cuales quiero conocer y aprender. Cuando somos enseñables seguramente aprendemos hasta de las personas más sencillas y humildes. Al encontrar una persona sabia y preparada queremos, como Pedro, hacer una enramada y quedarnos allí. En el momento que vamos a oír un sermón debemos llevar una libreta y tomar apuntes de las cosas más importantes, porque Dios constantemente nos habla. Tiempo después lees lo que has escrito y, muchas veces, esos apuntes te pueden ministrar en momentos de necesidad. Números 23:19 dice:

> "Dios no es hombre para que mienta, ni hijo de hombre para que se arrepienta".

En este proceso será necesario aprender a cambiar el lenguaje, comenzar a bendecir y declarar nuestro futuro victorioso, observándolo de lejos pero con la seguridad de que todos nuestros sueños se cumplirán. Ejemplo: "Dios te bendiga y te haga mil veces más gigante en amor, paz, unidad y engrandezca toda la obra de tus manos".

Ten presente que cada día es una oportunidad perfecta para dar lo mejor de ti e iluminar aun en medio de la más densa oscuridad. Algunos ejemplos de declaraciones victoriosas pueden ser:

- Cuando se hable de enfermedad...CONFIESA SALUD.
- Aunque todos pierdan la esperanza...SIGUE CREYENDO.
- A pesar de la traición...AMA.
- Donde los demás destruyen...CONSTRUYE.
- Cuando los demás murmuren...BENDICE.

Si estás cansado de lo mismo y quieres ver grandes cambios en tu vida y a tu alrededor, comienza por ti. Dios no te ve como te estás viendo tú hoy; te ve como llegarás a ser, porque tu éxito no depende de las circunstancias por las cuales estás atravesando;

tu éxito depende de la obra que Él hará en ti. No fue el aspecto físico, el intelecto o sus habilidades lo que llevó a David a ser Rey de Israel; fue la palabra de Dios sembrada en su vida:

> "Yo sé los pensamientos que tengo acerca de ti, (dice el Señor) pensamientos de bien y no de mal, para darte el fin que esperas".
>
> Jeremías 29:11.

Aparta ya tu mirada de los obstáculos que te han impedido avanzar hasta el día de hoy...levántate, confiesa la victoria y resplandece porque han llegado tus mejores días.

# Capítulo 3

## LIDERAZGO, MINISTERIO Y BATALLA

Cuando tenemos un llamado de Dios, el enemigo siempre tratará de impedir que éste se lleve a cabo. Podemos ver, desde Génesis hasta Apocalipsis, que el enemigo mete sus narices en todo momento para impedir que se haga la voluntad de Dios y hacer tropezar a los líderes que Él levanta. Las artimañas del adversario pueden ir desde algo tan simple como hacer que un ministerio pierda el enfoque de sus prioridades, hasta llevarlo a valorar lo incorrecto. Infortunadamente, un gran número de nuestras batallas son causadas por nuestros propios hermanos en Cristo. Con frecuencia, son ellos los que nos traen los mayores conflictos, probando así nuestro ser interior. Como líderes somos llamados a luchar por nuestros hermanos y nuestras familias. En 2 de Timoteo 4:14-18, dice que el Señor me librará de toda obra mala y me preparará para su reino celestial. A ÉL SEA LA GLORIA POR LOS SIGLOS DE LOS SIGLOS... AMÉN.

Satanás es maestro del engaño; parte de su estrategia es infiltrarse en la iglesia, causar división, descontento y, en gran medida, logra su objetivo asignando espíritus engañadores y acusadores que impiden el crecimiento numérico y espiritual de las iglesias locales.

En 1Corintios 15:58 dice:

> "Así que, hermanos míos amados, estad firmes y constantes, creciendo en la obra del Señor siempre, sabiendo que vuestro trabajo en el Señor no es en vano".

Es necesario tener claro a quién le estamos sirviendo, para tener paz y no dejarnos llevar por los desengaños que sufrimos a causa de las fallas y ofensas que nos causa el hombre. La madurez espiritual no se mide por nuestras acciones, se mide por nuestras reacciones. Las consecuencias de pecar contra otros, sobre todo contra aquellos que Dios ha llamado y puesto en una posición de autoridad, son severas y rápidas, por eso es mejor voltear el dedo que apunta hacia uno mismo.

Hace años estaba sirviendo en una iglesia en New York como directora de grupos familiares, cuando de repente vinieron unos asuntos de conflicto en el liderazgo y el pastor estaba muy oprimido. Creo que todos estábamos igual; había entrado un espíritu de contienda que me hizo tambalear.

En medio de la tribulación le pregunté al Señor: "¿Qué debo hacer?", y me dijo: "voltea el dedo". Apunté hacia mí y pude sentir todos mis faltantes y sobrantes, así que dejé de medir a los demás (me parecía que todos estaban mal y que sólo yo estaba bien) y me dispuse a trabajar con el Espíritu Santo para arreglar primero mi ser interior y buscar la paz con todos. Después de eso, vino un tiempo de crecimiento espiritual maravilloso, con lágrimas, porque el crecimiento produce dolor. Cuando todo estuvo bien, entonces vino el llamado a las misiones en el 2001.

Siempre le digo a los hermanos: "no huyas cuando viene la tribulación, quédate, enfréntala, si tienes que pedir perdón hazlo, si tienes que perdonar, hazlo, pero no abandones tu lugar porque

¡eso es precisamente lo que el enemigo quiere que hagas!". Al abandonar tu lugar, él te robará tu victoria, tu destino en Dios y si puede te dejará lisiado por el resentimiento y la ofensa; es como quedar atado en una trampa que se llama *falta de perdón*. La palabra OFENSA en griego, significa TRAMPA.

El resentimiento destruye más vidas que cualquier otra cosa. Del resentimiento se derivan todas las formas de enfermedad espiritual. Muchas enfermedades mentales y físicas tienen sus raíces en el resentimiento. Se han hecho estudios entre personas con una misma enfermedad y han encontrado que tienen el mismo conflicto sin resolver. Sin embargo, cuando las personas han decidido perdonar, superan este mal espiritual y reciben sanidad física y mental. Es como una reacción del cerebro cuando tiene un conflicto manda una orden de ataque y enferma el cuerpo; pero cuando es resuelto, entonces manda la orden para sanar y el mal desaparece. Nuestro cerebro es prodigioso. El creador que lo conoce todo, nos dio las pautas para vivir una vida abundante, sana y feliz.

Hace 23 años tuve uno de mis primeros conflictos espirituales al darme cuenta de que no todos los líderes estaban en una condición perfecta. Esto fue un choque fuerte y me impresionó tanto que decidí preguntarle al Señor e investigar sobre este asunto. Entonces aprendí desde temprano, en mi vida espiritual, información importante que me ha servido en mi caminar con el Señor y durante el servicio en la obra hasta el día de hoy.

En una ocasión viaje a Puerto Rico y allí compré un libro que me enseñó muchas cosas sobre este tema, como por ejemplo: las personas que sirven, no son seres perfectos sino dispuestos, y nosotros cuando vemos sus fallas debemos orar por ellos, pues al juzgar, nos estamos creyendo mejores que ellos. Nosotros no estamos haciendo lo que ellos hacen, dar su vida en servicio como obreros del Señor, y es "Él" quien les pedirá cuentas. De esta manera aprendí que primero es necesario solucionar mis conflictos internos con Dios y conmigo misma, siendo sincera, alineándome a su palabra y creyendo sus promesas.

En una ocasión, durante una reunión de liderazgo, forcé al pastor a enfrentar un conflicto donde todo estaba claro para mí; estaba muy segura, tenía la razón de mi parte. Allí mismo, el Señor me habló y dijo: "No te defiendas". Fui obediente, aunque no lo entendí en ese momento. Parecía un ventilador, mirando a los participantes de un lado al otro. Ellos hablaron en buenos términos; finalmente todo se arregló y yo tuve que tragarme mis razones. Si hubiera hablado, seguramente hubiera señalado sus errores y cuando las personas son confrontadas, se pueden ofender; si no tienen humildad para defenderse, pueden sacar cosas en contra nuestra que les parecen incorrectas a ellos y allí viene un conflicto peor del que se estaba tratando de conciliar. En cualquier situación es mejor oír primero el consejo de Dios, pues Él es experto y sí sabe cuál es la mejor manera de arreglar un conflicto.

Quiero mencionar otra ocasión importante: fui bautizo. Me sentía incómoda porque una líder me miraba mal, me rechazaba de una manera ofensiva y rara, como si yo le hubiera hecho algo malo y eso me tenía indignada y muy molesta. Faltando un día para dar este importante paso oré con mucha tristeza y dije: "¡Señor, no me puedo bautizar porque estoy muy enojada con esa líder, creo que no estoy preparada para dar ese importante paso!". Fue entonces cuando escuché la dulce voz de mi Rey que me dijo: "Perdónala". En mi afán le pregunté por ella y Él me dijo que el asunto de ella lo arreglaba Él directamente, que ese no era mi asunto. Así que hice una oración de perdón que me trajo libertad y una gran lección. Al día siguiente bajé a las aguas con mi madre y mi hermanita. Fue un día de gran victoria que el enemigo quiso robarme usando a una persona con un corazón lleno de amargura y resentimiento que, aun estando en fila para bautizarme, pasó, como de costumbre, con su mala actitud, pero no me afectó porque ya la había perdonado.

En cuanto al resentimiento, sugiero lo siguiente:

1. Considere que la gente que lo ofende tal vez esté enferma espiritualmente.

2. Pídale a Dios que le ayude a mostrar la misma tolerancia, paciencia y compasión que usted gustosamente tendría para con un amigo enfermo.

3. Pídale a Dios que le revele cómo puede ayudar a esa persona.

4. Pídale a Dios que lo libre de enojarse por todo.

5. Diga: Señor ¡Hágase tu voluntad!

En una vida con resentimientos profundos, sólo se puede encontrar infelicidad. En el grado exacto en que permitimos que esto ocurra, un peligro infinitamente grave viene a nuestra vida espiritual. Cuando nos cerramos a la luz del Espíritu Santo, entonces los pensamientos negativos se disparan y comenzamos a retroceder; las ofensas causan tropiezos. Efesios 6:10-18 dice:

> "Por lo demás, hermanos míos, fortaleceos en el Señor, y en el poder de su fuerza. Vestíos de toda la armadura de Dios, para que podáis estar firmes contra las asechanzas del diablo. Porque no tenemos lucha contra sangre y carne, sino contra principados, contra potestades, contra los gobernadores de las tinieblas de este siglo, contra huestes espirituales de maldad en las regiones celestes. Por tanto, tomad toda la armadura de Dios, para que podáis resistir en el día malo, y habiendo acabado todo, estar firmes. Estad, pues, firmes, ceñidos vuestros lomos con la verdad, y vestidos con la coraza de justicia, y calzados los pies con el apresto del evangelio de la paz. Sobre todo,

tomad el escudo de la fe, con que podáis apagar todos los dardos de fuego del maligno. Y tomad el yelmo de la salvación, y la espada del Espíritu, que es la palabra de Dios; orando en todo tiempo con toda oración y súplica en el Espíritu, y velando en ello con toda perseverancia y súplica por todos los santos".

Es muy importante que sepamos contra quién estamos peleando. En una ocasión se levantó una tormenta, le pregunte al Señor: "¿Contra quién es mi pelea?", Él me reveló el nombre y, de esa manera aprendí a no retroceder ante las adversidades y a ser más efectiva en el campo de batalla.

En otra ocasión, me vi envuelta en una ola desconocida para mí. Fue una situación que me trajo mucho dolor. Inmediatamente entré en ayuno y le pregunté al Señor: "¿Contra quién estoy peleando?". Él me revelo sus nombres, eran Hiel y Ajenjo, entraron por una raíz de amargura que fue sembrada hace muchos años por alguien en una persona que amo mucho. En ese momento se levantaron para destruir el propósito de Dios en mi vida y acabar con el gozo de tener una bella familia; había luchado y pagado un precio muy alto por verlos progresar y ayudarlos a conquistar su destino. Durante algunos meses lloré al no poder entender cuándo llegaría el momento del triunfo. Pero me levanté y seguí adelante con mi llamado.

Tiempo después, me volví a encontrar en medio de una fuerza que se levantó contra mí. De un momento para otro perdí todo, hasta el respeto de mis hijos; fue uno de los momentos más difíciles de mi vida, pero me mantuve firme y decidí caminar esa milla de la mano del Señor. Estoy segura de que así como en la oración "Huellas en la arena", en ese momento estaba siendo cargada en los brazos del Señor. Fue un periodo de aproximadamente de un año y medio cuando, de repente y como para acabar con mis fuerzas, me resbalé y, como consecuencia de esto, me fracturé la columna vertebral.

En ese momento creí que ya había llegado al borde, estaba enferma y sola, así que el dolor no era solamente físico, también era emocional, pero decidí que esa situación no acabaría conmigo. Aunque la voz del enemigo decía que me fuera lejos y los odiara a todos por abandonarme en ese momento que tanto los necesitaba, rechacé esa bebida amarga que me estaba ofreciendo, porque es así como se llena la vida de amargura.

Lo que hice fue levantarme como Nohemí, la suegra de Rut, determiné que ese sufrimiento se acabaría en ese mismo instante por el poder del Señor que está conmigo. En ese momento escuché la dulce voz del Señor que me dijo: "Si quieres que esto termine es necesario perdonar". Mi respuesta inmediata fue: "ya los perdoné". Entonces me dijo: "OLVIDA todo, como si nunca hubiera sucedido", y eso fue lo que hice. Esa noche regresó la fuerza que días atrás se había levantado contra mí, pero en esta ocasión regresó para acabar con mi vida. Estando en la tina se me bajó la presión a tal punto que me pude ahogar, no sé cómo salí de allí y ni como llegué a mi cama. Estando recostada sentí una fuerza inmunda sobre mí y le dije: "Raíz mala que estás dando mal fruto en mi familia, sécate en el nombre de Jesús y a partir de ahora, no darás más fruto". Quedé privada hasta el día siguiente y desde ese momento todas las cosas cambiaron y he sido testigo de cómo las mentiras que el enemigo sembró en la mente de los míos para hacerme sufrir, se han secado poco a poco.

Quiero decirte que en esta lección aprendí que cuando ganamos la batalla de nuestra mente, el enemigo ya no puede meter mentiras sobre nosotros mismos, porque ya tenemos claro quiénes somos y a quién pertenecemos. Sin embargo, intentará hacernos daño con las personas que amamos o que tienen influencia sobre nosotros; es cuando nos debemos levantar y tomar decisiones radicales que traigan soluciones definitivas.

Algo más aprendí: cuando tomas las decisiones correctas y te alíneas con la palabra el Señor Todopoderoso, Él interviene, y peleará tu batalla derribando al que te atormenta. Recuerda que la pelea es de Él, pero Él quiere que se forme el carácter de Cristo en ti para poder usarte como una herramienta útil. Dice en Hebreos 12:11:

> "Es verdad que ninguna disciplina al presente parece ser causa de gozo, sino de tristeza; pero después da fruto apacible de justicia a los que en ella han sido ejercitados".

Este pasaje nos muestra que el Señor nos disciplina para darle forma a nuestro carácter. En ocasiones permitirá el sufrimiento o, tal vez, injusticias en manos de otros. Dios permite que seamos probados y espera una respuesta de plena confianza en Él y de perdón hacia quienes nos hieren. Proverbios 6:23, nos declara:

> "...Camino de la vida son las represiones que te instruyen".

Dios nos ayude a honrarlo una vez hayamos pasado nuestra época de disciplina.

Recuerda siempre que el propósito de la disciplina de Dios es equiparnos para que nos parezcamos a Cristo. Hebreos 12:10 dice:

> "...Para lo que nos es provechoso para que participemos de su santidad'.

Dios quiere que personifiquemos el mensaje que nos ha confiado: nunca es suficiente con proclamarlo, debemos vivir el mensaje. Dios quiere que su palabra se haga carne en nuestra vida. Es por eso que, cuando pasamos por una prueba, Él no la permite para dañarnos; es para ayudarnos a ver las debilidades de nuestra vida y convertirlas en fortalezas.

Podemos menospreciar su disciplina, decidir dejar la iglesia, dejar de buscar al Señor con fervor y amargarnos, o podemos responder de la manera correcta, lo que significa, tomar su disciplina sabiendo que es para nuestro bien, para así participar de su santidad. Si quedan al descubierto las grietas de nuestro carácter, las admitimos y somos honestos con nosotros mismos y con Dios, Él nos levantará y conquistaremos nuestro destino. La verdadera medida del éxito del ministerio, son las cosas que tienen que ver con nuestro proceso de llegar a ser como Cristo.

Estas creciendo en tu capacidad de amar. Puedes bendecir a tus enemigos con gozo. Estos son los asuntos que Dios quiere que impartamos exitosamente.

¿Estás creciendo en estos puntos o estas descubriendo que no estás teniendo éxito en la medida de DIOS? A veces menospreciamos la disciplina del Señor al pensar que todos los problemas vienen de ataques de Satanás, sin tomar en cuenta la disciplina redentora del Señor.

Otra reacción es desanimarnos y caer bajo la actitud paralizante, la autocondenación y la desesperanza. Estos puntos nos muestran inmadurez y no debemos dejarnos llevar por nuestra humanidad que sólo nos pide comodidad. Vale la pena aprovechar nuestras pruebas como vehículos y subirnos en ellos para crecer y avanzar aniveles más altos de madurez y de conquista de nuestro destino.

Otro error en el que podemos caer es amargarnos con Dios por permitir el dolor. Seguramente ésta sea la reacción más peligrosa de todas, porque la amargura es un veneno mortal que afecta profundamente todas nuestras relaciones. Dios nos ama y quiere lo mejor para nosotros, por lo tanto, no nos dejará pasar una prueba que no podamos resistir. Mucha gente se da por vencida en su andar con El Señor debido a esa mala interpretación en su forma de ver y pensar. Por eso es tan importante que meditemos en lo que las escrituras nos enseñan acerca de la personalidad de nuestro amado Dios.

Debemos tratar de responder apropiadamente a las demandas de Dios y tomar humildemente nuestra corrección, sin amargarnos ni irritarnos con Él. Tampoco debemos ser insensibles o demasiado sensibles cuando nuestro amante Padre nos revela errores o fallas.

# Capítulo 4

## NUESTRA REALIZACIÓN

Ser una persona realizada significa descubrir nuestro carácter en Cristo, usar nuestros dones y talentos en la edificación de otros para glorificar el nombre de Nuestro Señor.

La realización en la vida también se puede resumir en un sencillo lema: "FLORECE DONDE ESTÉS PLANTADO". El servicio a los demás según 1 de Pedro 4:7-11, nos invita a mantener una buena actitud con todos; esto nos hará florecer estemos donde estemos. Si tomas la decisión de ser fiel y estar contento, Dios cambiará las circunstancias; por el contrario, si decides no florecer en el lugar donde te encuentras, sencillamente nunca lograrás progresar. Dios a todos, sin excepción, nos ha puesto en un lugar específico para que demos buen fruto. Lo más importante no es el lugar donde nos encontremos, sino el fruto que estamos dando.

¿Está brillando tu luz?
¿Eres buen ejemplo?
¿Todas las personas pueden ver el gozo del Señor irradiando a través de tu vida?

Si estás decidido a florecer, sin importar las circunstancias o el lugar en el que te encuentras, déjame decirte que Dios en su tiempo te llevará a una tierra nueva donde podrás dar más fruto. Si, por el contrario, no estás contento ahora y tu vida está avanzando con tristeza, nunca llegarás al lugar donde quieres estar. Sé que hay situaciones fuertes, pero no te preocupes por las cosas que no puedes cambiar, "VALORA EL DIA DE HOY".

Por fuertes que sean las adversidades, no puedes creer que la vida es simplemente una serie de problemas para resolver; recuerda que las dificultades se enfrentan mejor cuando las tomas como un desafío. Siempre hay una montaña que escalar y si, a partir de hoy, decides enfrentar cada dificultad como una oportunidad, todo tu entorno cambiará. Necesitamos regresar a los valores perdidos en el paraíso: *"DIGNIDAD, INTEGRIDAD Y LIBERTAD"*.

En Lucas 15:21-22, encontramos que el hijo prodigo regresó al padre después de reconocer su pecado y falta de sano juicio; el padre le restituyó el poder al entregarle el anillo:

- **Dignidad:** emoción, se le dio un nuevo vestido.
- **Integridad:** pensamiento y sano juicio.
- **Libertad:** se le dio la capacidad de ejercer la conducta correcta para andar por el camino trazado por la reconciliación con su identidad.

El hijo pródigo es un ejemplo del hombre caído y restaurado en Cristo. Por más fuertes que sean los vientos, debemos pesar los valores y luchar por lo que realmente nos traerá paz y sanidad. Cuando te enfrentes ante la tentación, recuerda que debes luchar con todas tus fuerzas por mantener tu integridad y el Señor te dará la victoria: si te mantienes limpio y sincero Él te defenderá, no tendrás que hacerlo tú. Como hijos de Dios cuidamos nuestra integridad y dignidad cuando sabemos quiénes somos.

El Dios que abrió el mar rojo en dos cuando el pueblo de Israel no tenía salida, es el mismo de hoy y abrirá camino delante de ti aunque en este momento lo veas todo perdido. En algunos momentos, será mejor callar, mantener el corazón y la mente en paz esperando en el Señor, aunque tengas la razón, eso es INTEGRIDAD. En Juan 8:32, dice que "conoceréis la verdad y seréis verdaderamente libres", entonces al conocer el verdadero amor de Dios tendremos LIBERTAD. Por un momento piensa en todo lo maravilloso que el Señor nos regaló: un hermoso cielo y una extraordinaria tierra. ¡Qué bueno es Dios al darnos tanto, aun sin merecerlo! Su amor lo sobrepasa todo.

Libertad es dar amor aun a los que no nos aman; aun a los que nos hacen daño. Libertad es perdonar, pues "ya no vivo yo, sino es Cristo quien vive en mí". Las personas más felices no siempre son los que tienen lo mejor, son aquellos que sacan lo mejor de cada adversidad. Esto es, sacar un triunfo del mal.

# Capítulo 5

## CINCO PUNTOS IMPORTANTES QUE TE AYUDANRÁN A HACER CAMBIOS ESTRATÉGICOS

### 1. Saber realmente contra quién batallas y aprender a combatir con las armas legales (Efesios 6:12)

No saber contra quién batallamos es parte de nuestra pelea. Es una de las razones por las cuales muchas personas después del pasar de los años aún continúan sin cambios positivos en sus vidas. Siguen viendo lo natural, es decir, a los hombres que se les oponen, los ofenden o hieren. Imaginan que toda su vida es demasiado difícil; culpan por todo lo malo que les ocurre a las circunstancias o a las personas que los rodean. Por eso no pueden avanzar, porque están en medio de la ansiedad, la opresión y el desánimo. Si entendieran realmente lo que dice la palabra, tendrían claro que la lucha no es contra carne, ni sangre; es decir, nuestra pelea no es contra el que nos lastima, sino es contra fuerzas espirituales de maldad. Cuando se levanta un conflicto o problema, debemos preguntarle al Señor contra qué estoy peleando, y así como la palabra nos enseña que esas fuerzas están organizadas, también el Señor nos revelará cuáles son sus nombres.

Como lo comenté al principio, hace un tiempo pasé por una situación muy fuerte en mi vida y no podía comprender cuál era el motivo, ya que estaba recibiendo un ataque de personas que amo con todo mi corazón. Decidí preguntarle al Señor en ayuno y oración por 2 días hasta que recibí su respuesta: mi lucha no era contra esas personas, era contra fuerzas espirituales de maldad y Dios se encargó de revelarme sus nombres, eran "Hiel y Ajenjo", una raíz de amargura que había entrado en la vida de una persona que amo mucho. En el momento menos esperado se levantaron esos dos demonios a tratar de impedir que siguiera adelante con el ministerio que Dios me había encomendado. Fue un ataque muy fuerte, no sólo me querían detener; su objetivo también era acabar con mi vida Una mañana me levanté decidida a acabar con ese asunto, y determiné en el nombre de Jesús que le había llegado el fin a esa situación. Le ordené a esa raíz de amargura que se secara para siempre y que nunca más me volviera a hacer daño. Al día siguiente me sentí muy bien y todo a mi alrededor se había calmado; parecía como si nunca hubiera pasado nada, el ataque terminó. Estoy segura de que fue El Señor quien derrotó al enemigo que se había levantado contra mí, pero era necesario saber contra quién era la batalla y usar en el nombre de Jesús las armas legales.

Sé que muchos de los problemas que estás enfrentando en este momento, los podrías solucionar si crees y te apropias de lo que dice la palabra de Dios. El enemigo de tu alma te quiere desenfocar y hacer que tomes la copa de la amargura y el rencor contra aquellos que en un momento determinado se levantan en contra. Es posible que hayas experimentado rechazo, palabras hirientes, que personas te hayan difamado y menospreciado por no llenar sus expectativas. Seguramente todo esto lo has recibido de las personas que más amas como los son tus amigos y familiares más cercanos. El enemigo quiere llenar tu corazón de rencor, odio y amargura, dañando tu relación con los demás, para así debilitar tu relación con Dios.

Puedo decir ciertamente, que he visto gigantes levantarse contra mí y, sin mover un sólo dedo, he visto cómo se derriban uno a uno. Por eso recuerda siempre que no importa cuántos se levanten contra ti, porque El que te llamó, nunca te dejará. Vive tranquilo, no temas, el Poderoso Gigante pelea por ti; sus promesas están sobre tu vida para que vivas seguro. Dios nunca ha perdido una batalla. Él es nuestro Amado Padre Celestial. Con la palabra de Dios puedes tomar una determinación de cambio que te llevará a la victoria, pues ésta está asegurada conforme a su Palabra. Si tienes una palabra de Dios para tu vida, siémbrala en tu corazón, créela, actívala, toma la determinación que necesitas y avanza rumbo a tu victoria en el nombre de Jesús, con la verdad de la Palabra y el poder de la fe, derribando toda fortaleza que se quiera levantar contra ti.

## 2. *Aprender a ver la mano de Dios en nuestro trato y en medio de la prueba (Hebreos 12:11)*

Es verdad que ninguna disciplina en el presente parece causa de gozo sino de tristeza; pero "después" da fruto apacible de justicia a los que en ella han sido ejercitados. Cuando entendemos el "después" de Dios, es cuando aprendemos verdaderamente la lección. Cuando llega la prueba tenemos que mirarla como una oportunidad para crecer y subir a nuevos niveles de madurez espiritual. Por ejemplo, tú puedes preguntarle al Señor qué te hace falta aún por aprender para que estés atravesando por esa prueba, entonces, estarás listo para una nueva revelación de parte del Señor que cambiará tu perspectiva y tu visión. Él te llevará a la victoria pero debes tener claro que es un proceso; así son sus enseñanzas y nunca sabemos el tiempo que puede tomar, pero de lo que sí podemos estar completamente seguros es que siempre habrá un "DESPUÉS" apacible de justicia. Qué lindo es nuestro DIOS, los procesos que nos permite pasar son incomprensibles y hasta profundamente dolorosos en el momento, pero es el método perfecto que utiliza para enseñarnos y moldearnos conforme a su imagen.

Ninguno está equipado por el hecho de haber aprendido algunas enseñanzas. La cuestión básica es ¿cómo está tu carácter?. El Señor está más interesado en formar su carácter en ti que en darte comodidad, pero muchas veces nosotros vamos en busca de la comodidad y pretendemos alcanzarla sin tener que pasar por el proceso. Dios está obrando en tu vida constantemente, por eso los sufrimientos, las pruebas, los impedimentos. Esa es la mano de Dios buscando a diario llevar adelante su obra de quebrantamiento en ti, y si no ves su mano en medio de las dificultades, es necesario que le pidas que abra tus ojos espirituales para poder ver su mano. En muchas oportunidades nuestra dificultad está en que cuando Dios nos disciplina culpamos a otros. Un día, cuando por la gracia de Dios podamos aceptar sus órdenes en nuestro andar, será librado nuestro espíritu y será apto para hacer la obra correctamente. Aquel que aun estando quebrantado puede decir: "Yo sé que el Señor tiene pensamientos de paz y no de mal para mí, porque yo estoy esperando en Él". Jeremías 29:11 dice que éste recibirá lo que esté esperando.

Vemos a Jacob que desde muy joven tuvo que salir de su casa. Luego, por 20 años, fue engañado por su tío Labán. Raquel, su amada esposa, murió inesperadamente y tiempo después perdió a su hijo más amado porque los hermanos lo vendieron a unos mercaderes; por último, su otro hijo, el que le quedaba de Raquel, también fue retenido en Egipto cuando sus hermanos fueron en busca de provisiones. Como podemos ver, Jacob fue tratado por la mano de Dios, pero el resultado final después de muchos tratos fue un hombre transformado y, en sus últimos años, llegó a ser completamente transparente y sus canas fueron en paz al sepulcro. Cuan claras fueron sus bendiciones a sus descendientes cuando les profetizó; cuan hermoso fue su fin cuando adoró sobre su bordón y cuan digna fue su respuesta a faraón (ver Génesis 47:9-10). Aquí está el reflejo de un hombre que fue tratado, maduró y se encontró con Dios. En su vejez el cuadro que se presentó fue hermoso.

Es necesario tener claro que si tu hombre interior permanece intacto, nunca serás una bendición para el reino de Dios y no puedes esperar que la palabra sea bendecida por Él a través de ti. Cuando Dios viene a morar en nuestro interior por su Espíritu, Él entra a nuestro espíritu, el cual llamamos "el hombre interior"; fuera de ese hombre interior está el alma y el hombre externo (físico). En el alma funcionan nuestros pensamientos, emociones, voluntad.

### 3. Vivir en libertad porque Cristo ha vencido nuestro pasado (2 corintios 5:17)

Debes tener claro que las cosas viejas pasaron y las nuevas han llegado. Sólo hay una manera de liberarte del pasado: perdonando y olvidando. El perdón es una decisión. Cuando lo aplicas al dolor de tu pasado, liberas tu vida para siempre y comienzas una nueva historia de amor verdadero con el Señor. Dios ha perdonado de tal manera nuestro pecado, que ha determinado no recordarlo nunca más. Isaías 43:25 dice:

"Yo, yo soy el que borro tus rebeliones por amor de mí mismo, y no me acordaré de tus pecados".

No podemos eliminar el pasado pero sí podemos, con el poder que Dios nos da, anular el poder que tiene para continuar haciéndonos daño y controlar nuestras emociones. Comienza a mirar el futuro con esperanza y confianza en lo que Dios está haciendo en este momento en ti. El Señor te está formando el carácter de Cristo y por eso debes confiar en que Él sanará cada una de tus heridas. Necesitas saber que el Espíritu Santo está formando el carácter de Cristo en ti, por eso debes confiar que Él sanará cada herida y se encargará de cada injusticia cometida en tu contra (Colosenses 3:25).

Nuestro futuro es tan pleno que sobrepasa cualquier cosa que haya sucedido en el pasado. Alégrate porque ha llegado el tiempo de sanar, olvidar y ser completamente libre. Regocíjate en el Señor y da voces de júbilo. El reino de Dios es justicia, paz y gozo, por eso debemos tomar lo que nos pertenece, por ser ciudadanos del reino de Dios, y soltar lo viejo. Recuerda que aquel que no es capaz de superar su conflictivo pasado, vivirá sumido en la tristeza de lo que pudo ser y nunca fue; pero quien mira con optimismo y enfrenta cada circunstancia del presente con nuevos pensamientos, sencillamente disfrutará de todo aquello que para él fue diseñado, así que anímate y determina dejar de una vez por todas la afrenta de tu pasado. Llegó la hora de disfrutar de tu mejor temporada. Hoy es un buen día para comenzar. Como dijo el apóstol Pablo: "Yo ciertamente sigo adelante dejando lo que queda atrás". Declara: "Yo rehusó ser atrapado en mi pasado"..."Dios tiene el mejor futuro para mí".

Comienza a mirar tu futuro con esperanza, confianza, visualiza tu felicidad y activa el poder de la fe que está en ti, para que la tarea de construir sea en realidad la nueva historia que Dios tiene para ti.

### 4. *Nuestra actitud la transmitimos*

Debido a que nuestra actitud se transmite, necesitamos arreglar aquellas áreas que no están alineadas con la palabra de Dios. 1 Samuel 3:7 dice:

> "Y Samuel no había conocido aún a Jehová, ni la palabra de Jehová le había sido revelada".

1 Samuel 3:20 dice:

> "Y todo Israel, desde Dan hasta Beersheva, conoció que Samuel era fiel profeta de Jehová".

Tú tienes el poder de decidir cuál será tu actitud. Vale la pena recordar que nuestra fuerza es limitada. Así que, el que quiere realmente una transformación, toma la palabra, la lleva a su corazón y la activa. Daniel 12:8 dice:

> "Y yo oí, mas no entendí. Y dije: Señor mío, ¿cuál será el fin de estas cosas?".

El entendido sabrá el tiempo de la revelación de Dios en su vida y la abrazará. Es maravilloso saber que al Señor no lo detiene ni tu edad, ni lo que hayas hecho en el pasado; Él tiene planes contigo, es experto en hacer donde no hay. Él hará lo que ha prometido: limpiarte, sanarte y purificarte para que se pueda ver su Gloria y Poder sobre ti y el cambio sea real (ver Tito 3:5).

Si realmente quieres avanzar al siguiente nivel, examina lo que tienes dentro, la promoción depende de lo que hay allí. Que los dichos de tu boca y la meditación de tu corazón sean gratos delante del Señor. Usa la palabra de Dios para derribar fortalezas en tu mente y en los aires.

¿Qué es la actitud? Podríamos decir que es la organización de ideas, creencias y enseñanzas que se manifiestan a través de la conducta. En primer lugar en nuestra actitud influye fuertemente la forma en que pensamos basados en la información que traemos y en cómo la procesamos. Miqueas 6:8 dice:

> "¿Con qué me presentaré ante Jehová, y adoraré al Dios Altísimo? ¿Me presentaré ante él con holocaustos, con becerros de un año?".

Ésta es la actitud que el Señor espera de nosotros. Necesitamos humildad porque sin humildad es imposible hacer la voluntad de Dios (ver 1 Pedro 5:6-8). El orgullo es un obstáculo como un témpano de hielo que nos impide avanzar. De nada sirve tener mucho conocimiento y tiempo en el evangelio si hay orgullo, pues cuando éste se alberga en el corazón no se reconocen los errores y se tiene una mala actitud frente a todo. Algunas personas llegan a creer que Dios tiene que aceptarlas tal como son y también aquellos que los rodean. Por eso, cuando llegan los problemas, muchas veces no saben cómo resolverlos, buscan muchas salidas sin encontrar una sola; es ahí cuando la misma vida corre peligro. La humildad no la encontraremos aquí, tenemos que pedir un manto o cobertura de humildad de arriba y El Señor lo hará, pero se necesita humillación para hacerlo.

Podemos llegar a ser como el Titánic: la tripulación vio con tiempo el témpano de hielo, pero por ser tan grande, fue lento en su viraje y chocó el barco. El témpano sólo impactó una punta, pero fue suficiente para hundir el barco más seguro. Así mismo puede suceder con tu vida si no enfrentas tus debilidades y tus conflictos internos con tiempo suficiente para hacer un giro; terminarás chocando con un asunto que te puede hundir o destruir toda tu vida o tu ministerio. Recuerda siempre que el éxito en todo asunto, depende de la actitud correcta con que lo enfrentes.

Una actitud es una forma de respuesta a algo, la cual aprendemos y modificamos de forma permanente; también se puede definir como una reacción positiva o negativa hacia algo o alguien. En la actitud siempre se verán involucrados los pensamientos y las emociones. La transformación ocurre cuando tomamos, amamos y activamos la palabra recibida; cuando declaramos cada día una palabra de poder sobre cada situación que quiere tomar control sobre nuestro destino. Por ejemplo: "Declaro que hoy comienza un nuevo tiempo para mí; determino que tendré la actitud correcta que el Padre espera de mí". A diario puedes decir: "Padre, Dios todo poderoso, ayúdame a comprender cada día más tu palabra y tu voluntad para mi vida; que la verdad de tu palabra ilumine toda oscuridad en mí. Llena hoy todo mi ser con tu Espíritu Santo; cámbiame, te lo pido en el nombre de Jesucristo mi Señor y mi salvador. Amén".

Vale la pena recordar que Dios nunca nos prometió que el proceso sería sencillo, pero sí prometió que estaría con nosotros todos los días de nuestra existencia para fortalecernos y ayudarnos a avanzar a pesar de la tempestad. En el camino de la vida seguramente siempre encontrarás obstáculos, pero sólo tú decides con qué actitud los vas a enfrentar. Te puedes quedar paralizado a causa del temor o la incertidumbre que te dejaron experiencias pasadas, o los puedes enfrentar con valentía, confesando la palabra, declarando tu victoria y a través de los ojos de la fe verlas como tu mejor oportunidad para alcanzar el éxito. La decisión está en tus manos... Recuerda que nadie puede avanzar por ti, pero tú sí tienes la capacidad de hacer de cada obstáculo un nuevo reto.

## 5. *El amor propio*

Quiera El Señor hablarte y llegue a ti la revelación de lo que realmente significa la destrucción del *yo*, porque si el hombre queda intacto, todo estaría sólo en la mente y sería completamente inútil todo esfuerzo humano por cambiar. Efesios 4:21-24 dice:

> "Si en verdad le habéis oído, y habéis sido por él enseñados, conforme a la verdad que está en Jesús. En cuanto a la pasada manera de vivir, despojaos del viejo hombre, que está viciado conforme a los deseos engañosos, y renovaos en el espíritu de vuestra mente, y vestíos del nuevo hombre, creado según Dios en la justicia y santidad de la verdad".

El hombre es quebrantado por medio de la disciplina del Señor y es separado del viejo hombre interior por medio de la revelación del Espíritu Santo. Hebreos 4:12 dice:

> "Porque la palabra de Dios es viva y eficaz, y más cortante que toda espada de dos filos; y penetra

hasta partir el alma y el espíritu, las coyunturas y los tuétanos, y discierne los pensamientos y las intenciones del corazón".

Para dar fruto, siempre será necesario morir al *yo*, Juan 12 -24 nos dice:

"De cierto, de cierto os digo, que si el grano de trigo no cae en la tierra y muere, queda solo; pero si muere, lleva mucho fruto".

En algunas ocasiones, muchos suben a la cruz de mala voluntad o pretenden ser como Cristo sin dejar su ego, ni soltar el peso de su autosuficiencia. El que sube a la cruz y no dice "la copa que el Padre me ha dado a beber la tomaré como lo hizo Jesús", aún no ha rendido su yo interior; pero aquél que con humildad dice: "la tomaré con obediencia", ése ya lo ha rendido todo.

Conozco personas que cuando tienen pruebas las enfrentan con mala actitud, renegando, maldiciendo con palabras como: "estaba mejor antes, ¿cómo es posible que ahora caminando con el Señor me pasen estas cosas? Si esto es así, prefiero estar como antes". Llenan una vida de quejas, vuelven atrás y, cuando se dan cuenta, han perdido el terreno espiritual que antes habían ganado. Necesitamos tener una imagen equilibrada de nosotros mismos y tener claro que nadie puede crecer sin dolor.

Cuando llegan los ataques pueden afectarnos de muchas maneras. Por ejemplo:

**En tu manera de pensar: TU MENTE.** Cuando los pensamientos son distorsionados, la conducta será distorsionada porque cuando la mente se desestabiliza no puedes hacer nada bueno. Lo contrario es cuando caminas de acuerdo con la palabra de Dios. De esta manera no hay nada que te pueda condicionar o detener, entonces avanzas conforme a la palabra y tu límite es el cielo.

**En las emociones: TU MANERA DE SENTIR.** Las emociones también son afectadas cuando los pensamientos no son los correctos, por ejemplo: "Nadie me piensa, ni me ama". En ese momento, entras en estado de tristeza que puede llevar a la depresión, es una puerta que se abre por donde el enemigo entra y puede causar gran daño de varias maneras, afectando tu salud, tus finanzas, tus relaciones y lo peor, captura tu mente y te ata.

La depresión, por ejemplo, es un estado de soledad, escasez y tristeza crónica que lleva a la persona a colapsar hasta destruirla. Por eso no se debe permanecer en estado de depresión por mucho tiempo. En tiempos de prueba, tempestad o calma, debes tener las promesas que Dios te ha dado. En el salmo 37 siempre encontrarás alivio y esperanza para tu necesidad y angustia. Si lo decidiste, créele a Dios, a su palabra y a sus promesas. Hay momentos donde tomo una promesa y la cobro como un cheque, pues si no la activo es igual que si me dan el cheque y no lo cobro; no pasa absolutamente nada.

También necesitas una vara. Cuando los campesinos van por donde no hay camino despejado, llevan una vara para abrir la maleza, explorar el terreno y hacer correr culebras y demás bichos que estén escondidos en ese lugar. Así mismo, necesitamos una vara espiritual para hacer correr toda alimaña que quiera hacernos daño. Tengo una vara hace años que la uso y me ha ayudado mucho, es Jeremías 29:11, dice:

> "Porque yo sé muy bien los planes que tengo para ustedes afirma el señor, planes de bienestar y no de calamidad, a fin de darles un futuro y una esperanza".

Cuando he tenido mis momentos difíciles o cuando el enemigo hace que no pueda ver el camino muy claro, saco mi vara, y cruzo mis Jordanes o mi Mar Rojo. No puedo negar que en muchas ocasiones ha sido con lágrimas en los ojos, pero con fe, tomando esa palabra y declarándola con todo mi corazón y con la autoridad que me ha sido dada: "EL SEÑOR TIENE PARA MÍ, PLANES DE BIEN, DE PAZ Y NO DE MAL". Le digo al enemigo constantemente que sólo le creo a mi Dios, mi Señor y salvador, que Él cumplirá sus promesas en mi vida. Recuerdo que mi madre tenía en su cocina un letrero que decía: "TODO LO PUEDO EN CRISTO QUE ME FORTALECE", Filipenses 4:13.

Estoy segura que era su vara, fue a la que se aferró hasta que logró grandes victorias, pues ella no hizo más que creer y el Señor me convenció de pecado y de juicio por medio de su Espíritu Santo. Mi vida fue transformada por Su poder; por eso hoy puedo escribir esta nueva historia de mi vida... ¡Gloria a mi REY Y SALVADOR JESUCRISTO!

Cuando Dios nos traza un plan de vida, el enemigo traza otro con sus mentiras y maldad. El temor es la fe en lo que dice el enemigo. No importa dónde comienzas, lo importante es dónde terminas. Ten presente que el enemigo no quiere nada bueno para ti, todo lo que él te dice es mentira, sin embargo, te dejas perturbar aun sabiendo que él actúa a través del engaño. Sacúdete y determina limpiar tu mente. Hebreos 11:15, dice que si hubieran estado pensando con nostalgia hacia atrás, seguro hubieran tenido tiempo de regresar. Mi forma de pensar me puede llevar atrás, regresarme de nuevo al sitio de donde salí (ver Gálatas 5:1).

No te sometas nuevamente al yugo de esclavitud, no dejes que tu mente te regrese porque, entonces, terminarás retrocediendo. Nadie es transformado por la oración de otro, por lo que siente o incluso por hacer la oración de fe. Es naciendo de nuevo que se sale de la esclavitud del pecado para comenzar a caminar hacia la Tierra Prometida; pero puedes pasar mucho tiempo dando vueltas en el desierto si no renuevas tu mente. Hay ciertos principios para salir de donde estamos y llegar al lugar donde queremos estar. Efesios 4:23 dice:

"y renovaos en el espíritu de vuestra mente".

Es necesario tener la actitud de mejorar en todo. Despójate del viejo hombre y ponte el nuevo; deja de hacer lo que hacías antes, cree que tú representas la justicia de Dios en Cristo, y que todos los días estás cambiando de gloria en gloria por su poder y su Espíritu.

Él está sembrado en ti una semilla. Recuerda que es más poderoso el que está en ti que el que está en el mundo. Como la mujer que espera el nacimiento de su hijo, siente cambios dentro de ella, declara y prepara todo para la nueva criatura que nacerá; así debe ser nuestra actitud. Tendrás que lidiar con tu mente y con tus emociones constantemente mientras vivas, pero tienes que enfrentarlas: no huyas, no las evadas, ni digas "está bien", cuando realmente está mal. El enemigo siempre tratará de hacerte creer sus mentiras para hacerte caer en la tentación. Sería maravilloso si la tentación desapareciera, pero no será así, debemos orar para no caer en ella.

Los israelitas estuvieron 40 años en una travesía que sólo tardaba 3 meses máximo, dando toda la vuelta a la Península del Sinaí. El Señor le dijo a Moisés: "has estado demasiado tiempo en este monte, es tiempo de avanzar", pero la forma de pensar, la actitud negativa, la murmuración y la queja, levantaron fortalezas en las mentes de los israelitas, creyéndole más al enemigo que a Dios. Eso es precisamente lo que el enemigo quiere hacer con nosotros: él miente siempre, y quiere que le creamos sus sucias mentiras. Con respecto a eso, la biblia dice que debemos destruir esos argumentos que se levantan en contra de la palabra de Dios. El enemigo levanta fortalezas en las mentes para luego acomodarse y desde allí controlar, destruir y si puede hacerle daño a los que están más cerca de nosotros. 2 Corintios 10:4-5 dice:

> "Las armas de nuestra milicia no son carnales sino poderosas para derribar todo argumento y toda altivez que se levanta contra el conocimiento de Dios. Por esto llevemos cautivo todo pensamiento para que se someta a la obediencia de Cristo".

Debemos exaltar la palabra de Dios y aprender a hablar el lenguaje del reino. La biblia dice que así como el hombre piensa, así es él. Donde la mente va, el hombre la sigue. Un estadista famoso del siglo pasado, Winston Churchill, dijo: "El verdadero hombre de éxito es el que tiene responsabilidad de lo que piensa". Estoy completamente segura de que nuestros pensamientos nos llevarán al éxito o al fracaso. Por eso es tan importante que saquemos de nuestra mente lo que no sirve y seleccionemos lo que pensamos. Al hacer esto, estamos primero obedeciendo la palabra de Dios que nos dice: "Todo lo santo, todo lo puro y en todo lo que es de buen nombre, en esto pensad y el Dios de paz estará con nosotros". Jesucristo es el príncipe de paz y donde está Él no falta nada. Jeremías 4:14 dice:

> "Lava tu corazón de maldad, oh Jerusalén, para que seas salva. ¿Hasta cuándo permitirás en medio de ti los pensamientos de iniquidad?".

¿Hasta cuándo permitirás en medio de ti pensamientos de iniquidad? Esa es una buena pregunta que nos debemos hacer. Este es el momento en el que debemos empezar a cambiar nuestra manera de pensar y no permitir que la mente vuele y termine con malos pensamientos hacia el prójimo y el hermano. En Zacarías 7:10 y 8:17 podemos ver que eso es abominable a los ojos del Señor, así que la clave aquí, es pensar bien de todos aunque algunos nos hayan lastimado. Tu mente se debilita más pensando en asuntos que ni te incumben. Las preocupaciones te hacen la vida más pesada y difícil.

Puedo decirte que cuando logras cambiar la mentalidad vieja y cargada, por una mente fresca y lista para recibir lo nuevo de Dios, nuevas ideas y nueva revelación llegará a tu vida y podrás disfrutar plenamente de una vida en abundancia. También quiero decirte que cuando logras esa victoria por la batalla librada en tu mente, el enemigo se va a atrincherar en otras mentes que no están renovadas y, desde allí, montará su ataque para mandarte dardos de mentira y engaño. Es necesario que estés preparado para cuando llegue ese momento, pues intentará derribarte diciendo cosas malas de ti o de tu pasado, pero si en tu mente ya has librado la batalla, nada te afectará y el Señor te defenderá. En todo momento, tiempo o circunstancia, recuerda lo que el Señor ha dicho de ti: eres su especial tesoro, la niña de sus ojos, linaje escogido, real sacerdocio, nación santa para hacer engrandecer su reino. Somos reyes y sacerdotes del Altísimo.

La palabra dice que de lo vil y menospreciado, lo que el mundo considera que no sirve, Dios lo escoge, lo sana, lo prepara, lo usa con un propósito grande y poderoso y así confundir a los sabios. Dios nos cambia, pero lo hace poco a poco, no te angusties, ni te desesperes si no lo hace tan rápido como esperas. Lo que hiciste durante toda tu vida de oscuridad tomará tiempo arreglarlo y pulirlo; necesitas paciencia mientras Él obra en tu vida. Nunca vivirás una buena vida hasta que entiendas lo que Dios tiene para ti. Jesús fue carpintero, Pedro pescador, Mateo recaudador de impuestos. Yo, después de una noche de baile, estaba entrando en mi casa a las 6 de la mañana cuando el Señor me llamó. No tenía nada que dar más que mi vida, así que decidí ponerla a su servicio. Nadie creía en mí, pero Dios sí, así que seguí adelante sin importar las críticas y los menosprecios.

Puedo ver hacia atrás y con alegría testificar que sólo Dios hace posible lo que para el hombre es imposible, aunque en un momento sentí mi vida perdida, Él se encargó de rescatarla y todo lo que creía que no sería, fue y será. Hoy disfruto la vida que Dios me regaló, me siento bendecida, bienaventurada. En estos años como misionera, el Señor me permitió levantar varias iglesias junto con mis hijos; son congragaciones que están impactando comunidades enteras y extendiendo el reino de Dios para que muchos reciban el mensaje de salvación. Agradezco a Dios por la vida de mis hijos; han sido guerreros incansables que se han mantenido de pie en cada batalla de la vida. Para la gloria del Señor todos le sirven junto con sus hijos, mis nuevas generaciones.

Hace más de 2.000 años, en una cruz, se comenzó a escribir una nueva historia de amor, historia que continuó con mi vida. Hoy, agradezco a Dios por el desierto, las pruebas y las fuertes tempestades pues a través de cada situación Él se encargó de transformar mi vida y prepararme para hacer de mí la mujer que soy. Mi historia hubiera podido terminar en tristeza y dolor; sin embargo, el Señor, por su infinita misericordia, se encargó de comenzar a escribir con sus propias manos una nueva historia para mí.

No es casualidad que estés leyendo estas líneas hoy, cree que así como Dios transformó mi vida, le dio sentido y un nuevo comienzo, también lo puede hacer contigo. ¡Dios quiere comenzar a escribir una nueva historia para ti!

# Bibliografía

Beth More, *Sálgase de ese pozo: Hablemos con franqueza sobre la liberación de Dios*. Grupo Nelson, 2007.

Cristina de Hasbún, *Dile Adiós al pasado*. Casa Creación, 2006.

David A. Seamands, La curación de los recuerdos. España: Editorial Terrassa, BCN CLIE,1986.

Héctor Torres, *Liderazgo: Ministerio y batalla*. Grupo Nelson, 1997.

José Batista, *Cómo liberarse del secuestro emocional*. Peniel, 2009.

Joyce Meyer, *El campo de batalla de la mente*. Unilit, 1997.

Joyce Meyer, *Belleza en lugar de cenizas*. Unilit, .

Norman Wright y Larry F. Renetzky, *Gracia Que Sana Gente Herida*. Casa Creación, 2009.

Stephen Arterburn, *Sanidad es una elección*. Editorial Portavoz, 2007.